Gerd Käfer

Meine besten Wiesn-Schmankerl

HEEL

HEEL Verlag GmbH
Gut Pottscheidt
53639 Königswinter
Tel.: 02223 9230-0
Fax: 02223 9230-13
E-Mail: info@heel-verlag.de
www.heel-verlag.de

Autoren: Gerd Käfer, Renate Schramm und Julian Mergarten
Layout: Claudia Renierkens, renierkens kommunikations-design, Köln
Lektorat: Ulrike Reihn-Hamburger

Fotos: Thomas Schultze, www.thomas-schultze.de
Mit Ausnahme von:
Archiv Gerd Käfer: S. 6, 7, 10, 68, 78;
© akg-images: S. 8u, 9; © Angermaier: S. 69; © Berg Bauer: S. 71
Illustrationen: © christine krahl – Fotolia.com

Printed in Slovenia

ISBN 978-3-86852-958-6

Inhalt

„Für mich ist die Wiesn
eine Herzensangelegenheit“

Servus, liebe Leserin, lieber Leser,

mit diesem Buch möchte ich Ihnen Appetit auf die Wiesn machen. Auf das berühmteste und größte Bierfest der Welt. Aber eigentlich ist dieses Fest noch sehr viel mehr. Es ist Lebensfreude pur, Gaudi und Gemütlichkeit – und für mich eine Herzensangelegenheit. Da werden Leib und Seele gestreichelt. Wenn ich unterm Jahr ans Oktoberfest denke, sehe ich sofort fesche Dirndl vor mir, umweht mich eine verlockende Duftwolke aus gegrillten Haxn, Hendln und Enten, Steckerlfisch und Bratwürstln, gebrannten Mandln und würzigen Lebkuchenherzerln ... Mmmmh! Schon kribbelt es in meinen Händen, möchte ich auf der Stelle ein resches Hendl mit den Fingern zerteilen. Und mein trockener Hals lechzt nach einer Wiesn-Maß.

Vom Gefühl her könnt für mich jeden Tag Wiesn sein. Aber Kopf und Körper wissen: Das haut nicht hin. Das packen die Besucher nicht und noch weniger die Wirte und das Personal, die ja alle von früh bis spät abends im Einsatz sind. Gut zwei Wochen sind genug für diesen wunderbaren Wahnsinn.

Was ist das Besondere an der Wiesn? Das werde ich immer wieder gefragt. Meine Antwort: Das Oktoberfest ist für uns Bayern der Himmel. Seit ich 1959 den ersten deutschen Party-Service gegründet habe, habe ich rund 300 000 Feste veranstaltet und inszeniert. Aber diese überschäumende Stimmung, die gibt es wirklich nur auf der Wiesn.

Klar, dass da auch die Gefühle und Hormone überschwappen. Die Wiesn ist die Kontaktbörse schlechthin. Aufregender, aufreizender und amouröser als jedes Kontakt-Portal im Internet. Nirgends kann man so leicht und beschwingt anbandeln wie hier. Da wird geschunkelt, geprostet, gelacht und geflirtet, dass sich die Wiesn-Balken biegen. Ich kenne viele Singles, die allein in ein Zelt kommen und zu zweit wieder raus gehen. Und wenn nach der einen oder anderen Maß der Blick auch manchmal a bisserl getrübt ist – egal. Jeder hört doch gern, dass er der Allerschönste ist.

Aber es geht ja nicht nur um Bussi hier, Busserl dort.

In meinen 24 Jahren als Wirt der „Käfer Schänke“ (von 1971 bis 1995, seitdem ist mein Sohn Michael der Käfer-Wiesn-Schänke-Chef) habe ich immer wieder erlebt, wie aus Fremden Freunde werden und sich diese Freundschaften von Wiesn zu Wiesn festigen. Oder wie aus einem Gs(ch)pusi, auf hochdeutsch Flirt, die Liebe fürs Leben wird – und ich den Trauzeugen geben durfte. Kein Wunder, dass immer wieder versucht wird, unsere Münchner Wiesn zu kopieren. Ob in Amerika, China, Indien, Kanada, Namibia, der Schweiz und sonst wo.

Aber keiner kommt ans Original heran. Unser Oktoberfest ist auch 2014 – im aktuellen 181. Jahr – einmalig. Ein irdisches Paradies für alle und jeden. Wildfremde sind nach der der ersten Maß vertraut, als würden sie sich seit Ewigkeiten kennen.

Egal, liebe Leserin und lieber Leser, ob Sie sich mein Buch zu Wiesn-Zeiten in München gekauft haben – als Mitbringsel für sich und andere –, in Ihrer heimischen Buchhandlung oder online. Oktoberfest-Stimmung hat immer Saison. Nicht nur im Herbst. Die Wiesn ist *das* Fest aller Volksfeste – und das können Sie auch bei sich daheim feiern. Julian Mergarten, der Sous-Chef in Käfers Wiesn-Schänke, und ich helfen Ihnen sehr gern dabei.

Er ist 32, ich bin – laut Pass – 1932 geboren. Generationenkonflikt? Kenne ich nicht! Mir macht es eine große Freude, mit jungen Menschen zusammenzuarbeiten, meine Erfahrungen weiterzugeben, ihnen etwas beizubringen, sie zu fördern und gleichzeitig von ihnen angeregt zu werden.

Die Zusammenarbeit mit Julian Mergarten für dieses Buch hat uns beide inspiriert. Die klassischen Rezepte bekommen etwas Moderne und Frische, werden neu interpretiert. Dieser

ganz oben: Gerd Käfer hebt Michael Käfer in die Luft.

ganz oben Mitte: Gerd Käfer steht neben seiner Mutter Elsa Käfer im eigenen Geschäft.

ganz oben rechts: Gerd Käfer steht vor dem Geschäft der Eltern in der Schumannstraße.

oben Mitte: Gerd Käfer reitet auf einem Haflinger in Käfers Wiesn-Schänke.

oben: Gerd Käfer und Julian Mergarten in der Küche von Gerd Käfers Event-Turm in Kitzbühel.

rechts: Gerd Käfer vor Käfers Wiesn-Schänke.

Austausch zwischen Jung und Alt hat mir wieder einmal gezeigt: Das Miteinander der Generationen belebt jede Gesellschaft – und jede Küche.

Und jetzt bringen wir die Wiesn zu Ihnen nach Hause, liebe Leserin, lieber Leser. Und wir hoffen, dass wir Ihnen mit unseren Rezepten so richtig Appetit machen.

Zum Oktoberfest gehört natürlich der Klassiker – das Wiesnhendl, das einfach das beste Brathendl der Welt ist. Auch die bayerische Ente, Kalbshaxn, Kaiserschmarrn oder Mohnbuchteln sind alle Jahre wieder ein Renner. Aber natürlich bieten wir Ihnen auch andere Schmankerl, die dazu gehören und doch nicht alltäglich sind. Und mit denen Sie dahoam für Wiesn-Genuss ohne Ende sorgen.

Dazu gibt es Deko-Tipps, aktuelle Infos und Historisches zum Weitererzählen. Wiesn privat, das geht natürlich auch mal ganz intim zu zweit. Aber, wenn Sie's richtig krachen lassen wollen – man muss ja nicht gleich auf dem Tisch tanzen, sondern kann auf dem Boden bleiben – laden Sie sich mehr Gäste ein.

Oans, zwoa, gsuffa: Viele schöne Stunden mit meinem kulinarischen Wiesn-Vermächtnis – und ein Prosit auf Ihre Gemütlichkeit!

Ihr

Gerd Käfer

Wiesn historisch

So hat's angefangen

Als am 12. Oktober 1810 der bayerische Kronprinz Ludwig, der spätere König Ludwig I., und die Prinzessin Therese von Sachsen-Hilburghausen heirateten, stand München Kopf. Höhepunkt der fünftägigen Feiern war ein großes Pferderennen vor den Toren der Stadt. Zu Ehren der Braut wurde die Festwiese „Theresienwiese“ getauft. Weil das Rennen so ein Riesenerfolg war, fand es im Jahr darauf wieder statt (mit Unterbrechungen bis 1938). Und schon waren die „Oktober-Feste“ geboren. Zu Bier und Schmankerl kam 1818 das erste Karussell dazu und 1881 die erste Hendlbraterei. Wegen des besseren Wetters, dem sogenannten Altweibersommer, beginnt das Oktoberfest seit 1872 schon im September.

Achterbahn von 1897 aus Gerd Käfers Sammlung.

Das Pferderennen auf dem Münchner Oktoberfest 1823. Gemälde von Heinrich Adam.

Einer der hellsten Köpfe der Welt hat auch die Wiesn zum Leuchten gebracht: Albert Einstein, der Physiker und Entdecker der Relativitätstheorie, hat 1896 im Schottenhamel-Zelt die Glühbirnen in die Fassungen geschraubt. Der damals 17-Jährige jobbte in der Münchner Elektrofirma seines Onkels und beendete mit ihm die Ära der Petroleum-Funzeln in den Zelten.

Der „Bayerische Herkules“, bürgerlich Hans Steyrer, Gastwirt aus Giesing, konnte mit dem Mittelfinger einen 508 Pfunde schweren Stein heben. Auch sonst war er ein Pfundskerl und der eigentliche Initiator des Wiesn-Einzugs der Wirte. 1879 pachtete er eine Festbude und zog samt Kapelle, Personal und Inventar auf acht geschmückten Wagen in Richtung Theresienwiese. Die Polizei stoppte ihn wegen „Störung der öffentlichen Ordnung und Sicherheit“ und verdonnerte ihn zu einer Geldstrafe. Doch er ließ nicht locker und seit 1887 beginnt die Wiesn mit dem Einzug der Wirte. Übrigens hat der „Bayerische Herkules“ noch eine Neuheit eingeführt: die silberbeschlagenen Prunkgeschirre der Brauereigespanne.

Die ältesten Fahrgeschäfte

Auf geht's beim Schichtl: Und das schon seit 1871. Das legendäre Wiesn-Varieté und sein heutiger Betreiber Manfred Schauer sorgen für a bisserl Gänsehaut und ganz viel Gaudi. In jeder Vorstellung wird „die Enthauptung einer lebendigen Person mittels Guillotine" zelebriert. Aus „Schichtls Himmlischer Schänke" kann man sich zur Stärkung „hausgemachte Himbeerlimonade mit kussechtem Farbstoff" kaufen.

Kettenflieger: Die „Oldie-Fluglinie" hebt bereits seit 1919 in der mittlerweile vierten Generation der Familie Kalb ab – und ist damit das dienstälteste Wiesn-Karussell. Ein Klassiker und ein gemütlicher Kontrast zu den immer rasanteren Fahrgeschäften. Bis auf wenige Teile ist es heute noch im Original erhalten. Die aufwendigen Malereien sind die ältesten, die man auf der Wiesn finden kann.

Krinoline: Auf und nieder ... Das nostalgische Familienkarussell schaukelt mit seinen Gondeln seit 1924 rauf und runter um den Mast. Einst brauchte sie vier kräftige Kerle, um in Schwung zu kommen. Inzwischen hat ein Elektromotor den Dreh raus. Wohl einzigartig auf der Welt: Die Krinoline hat ihre eigene Kapelle. Fünf Blech-Musiker blasen den Gästen zu jeder Runde den Marsch, Schlager oder Walzer dazu. Ich bin dabei – jedes Jahr.

Toboggan: Die einen rutschen runter, die anderen schauen rauf. Der Toboggan ist seit 1933 *der* Hingucker auf der Wiesn – mehr als an der sanften Rutscherei liegt das allerdings an dem 10,6 Stundenkilometer schnellen Förderband. Darauf die Balance zu behalten fällt vielen – trotz Unterstützung der Angestellten – nicht leicht. Und so sind Gelächter und Schadenfreude vorprogrammiert.

Teufelsrad: Die Gaudi schlechthin! Schon Bayerns legendäre Volkskomiker Karl Valentin (er hat nach dem ersten Weltkrieg mit Bert Brecht eine Schaubude auf der Wiesn betrieben) und Liesl Karlstadt hatten bei dem sich seit 1910 immerzu drehenden Teufelsrad ihren Spaß. Wer drauf sitzt, muss sich gegen Schaumstoffbälle oder Seile wehren – und vor allem gegen die launigen Anzüglichkeiten des Radl-„Rekommandeurs" (Animateur, Conférencier). Schadenfreude ist hier Trumpf. Wer schnell eingeschnappt ist, sollte nur zuschauen.

Gerd Käfer reitet beim Einzug der Wiesn-Wirte auf einem Haflinger in Käfers Wiesn-Schänke.

Flohzirkus: Flöhe? Juckt es Sie schon beim Gedanken daran? Keine Sorge, die Wiesn-Flöhe hüpfen nicht ins Publikum, sie sind angebunden – und seit mehr als 60 Jahren in immer neuer Besetzung eine Wiesn-Attraktion. Die winzigen Blutsauger sind Mega-Athleten. Sie schießen Bälle, die das 30-fache ihres Körpergewichts wiegen, und drehen ein Karussell, das 20 000 Mal schwerer ist als sie selbst. Emanzipiert sind sie auch. Dressiert werden nur Weibchen. Sie sind doppelt so groß wie die Herren Flöhe und viel stärker.

OANS, ZWOA, GSUFFA – Bierseligkeiten

Am 23. April 1516 erließ Bayerns Herzog Wilhelm IV. das Reinheitsgebot für Bier. Darin heißt es, dass die Brauer nichts anderes verwenden dürfen als Wasser, Gerste und Hopfen. Im Kern gilt das in Deutschland noch heute. Laut Gesetz darf Bier nur aus Wasser, Malz, Hopfen und Hefe hergestellt werden. Chemische und andere Zusätze sind verboten.

Gebraut wird das Bier vermutlich schon, seit der Mensch Getreide anbaut. Bereits im dritten Jahrtausend vor Christus war Bier in Mesopotamien, dem Land zwischen Euphrat und Tigris, populär. Die Brau-Kunst kam aus dem Vorderen Orient in den Mittelmeerraum und mit den Römern nach Germanien. Im Mittelalter wurde sie vor allem in den Klöstern weiter entwickelt. Nach Mitte des 17. Jahrhunderts verschob sich der Schwerpunkt der Produktion aus Norddeutschland nach Bayern. Die älteste Brauerei der Welt ist übrigens die Bayerische Staatsbrauerei Weihenstephan, gegründet 1040.

Das Oktoberfestbier und die sechs Münchner Brauereien

Dieses spezielle untergärige Helle darf nur zur Wiesn gebraut werden – und ausschließlich von den sechs Münchner Brauereien. Aufgrund seiner höheren Stammwürze ist es etwas stärker als das normale Bier und enthält im Schnitt sechs Prozent Alkohol. Das „Normale" hat meist fünf Prozent.

Augustiner: 1328 gegründet, gilt als die älteste Brauerei Münchens. Die Brauerei verwendet als einzige noch die traditionellen Holzfässer zur Lagerung, die sogenannten Hirschen. Die anderen Biere werden aus Stahl-Tanks gezapft. Das 6-prozentige Oktoberfestbier gibt es im Augustiner-Festzelt sowie bei der Fischer Vroni.

Hacker Pschorr: Die Brauerei gibt 1417 als Gründungsjahr an. Möglich ist aber auch bereits das Jahr 1363. Offizielle Dokumente gibt es nicht. Auf der Wiesn wird das mit 5,8 Prozent schwächste Bier im Hacker-Festzelt und in der Bräurosl ausgeschenkt.

Hofbräu: 1589 beschlossen Herzog Wilhelm V. der Fromme und sein durstiger Hofstaat, ein eigenes Brauhaus in München zu errichten. Seinem Sohn und Nachfolger Maximilian I. schmeckt der braune Bock nicht, er sichert sich das Weißbier-Monopol. Das heutige Hofbräu-Festbier hat einen Alkoholgehalt von 6,3 Prozent und wird – natürlich – im Hofbräu-Festzelt ausgeschenkt.

Löwenbräu: Die Geschichte der Brauerei lässt sich bis ins 14. Jahrhundert zurückverfolgen. Das Festbier hat 6,1 Prozent Alkohol und wird neben dem Löwenbräu-Festzelt auch im Schützen-Festzelt getrunken.

Paulaner: Der Junior unter den Münchner Bieren wurde erstmals 1634 im Kloster des Paulaner-Ordens in der Neuhauser Straße gebraut (das Rezept stammt von Bruder Barnabas) und wurde nur an Festtagen öffentlich ausgeschenkt. Das 6-prozentige Starkbier gibt's neben der Paulaner-Festhalle/Winzerer Fähndl, auch im Armbrustschützen-Festzelt und in **Käfers Wiesn-Schänke**. Paulaner Weißbier wird im Nymphenburg Wein- und Sektzelt ausgeschenkt.

Spaten: Diese Brauerei wurde 1397 gegründet. Marken-Logo ist ein weißer Spaten auf rotem Hintergrund mit den Initialen von Gabriel Sedlmayer, der die Brauerei 1807 erwarb. Im Besitz der Familie ist auch die Franziskaner-Brauerei. Beide 5,9-prozentigen Biere gibt es neben der Spatenbräu-Festhalle/Ochsenbraterei und im Schottenhamel auch im neuen Wiesn-Zelt Marstall.

Tipp:
Der populäre Spruch „Oans, zwoa, drei – gsuffa“(getrunken) stammt aus dem Trinklied „Ein Prosit der Gemütlichkeit“. Beim Anstoßen wird aber nur PROST gesagt.

Öffnungszeiten:

Die **Festzelte** wochentags: 10 Uhr bis 23.30 Uhr
Samstags, Sonn- und Feiertags: 9 Uhr bis 23.30 Uhr
Letzter Ausschank: 22.30 Uhr
Ausnahmen: Käfers Wiesn-Schänke und das **Weinzelt** haben täglich bis 1 Uhr geöffnet.

Die **Fahrgeschäfte** und **Verkaufsstände** sind von Montag bis Donnerstag von 10 bis 23.30 Uhr geöffnet. Freitags bis 0.00 Uhr. Samstags von 9 Uhr bis Mitternacht, sonntags von 9 Uhr bis 23.30 Uhr.

Achtung Kinderwagen: An stark besuchten Tagen, zum Beispiel am Wochenende, kann Eltern der Zutritt mit Buggy und Co. in den Zelten oder schon am Eingang der Festwiese verwehrt werden. Sie können den Wagen in der Gepäckaufbewahrung aufgeben. Besser wäre es, Mama und Papa ersparen ihren Kleinen den Riesen-Wiesn-Andrang und genießen die Gaudi unter der Woche.

Die **offiziellen Familientage** sind jeweils am Dienstag von 12 bis 18 Uhr. Bei fast allen Anbietern gibt es verringerte Preise.

Kostet die Wiesn Eintritt?
Nein. Der Eintritt zu den Zelten ist frei, nur der Besuch auf der „Oidn Wiesn“ kostet 3 Euro (siehe Gerd Käfers Wiesn-ABC, unter Reservierung, Seite 89).

Zahlen zur Wiesn 2013:
Gekommen sind 6,4 Millionen Gäste, 6,7 Millionen Maß Bier wurden getrunken (Rekord 2011 mit 7,5 Millionen Maß). Beim Fundbüro sind 4200 Gegenstände abgegeben worden, darunter 940 Kleidungsstücke, zwei Eheringe und ein Gebiss.

Wiesn-Termine:
Wiesn 2014: 20. September bis 5. Oktober
Wiesn 2015: 19. September bis 4. Oktober

Vorspeisen

Bayrisch Tatar –

gehackt, auf geröstetem Bauernbrot mit Spiegelei

Gaudi

Tatar:

320 g	mageres Rindfleisch (Hüfte oder Oberschale)
1 Prise	Zucker
1 EL	Senf, mittelscharf
1 cl	Cognac
4	kleine Cornichons, gehackt
1 Prise	Cayennepfeffer
1 TL	Paprikapulver
5	Kapern, gehackt
2	Schalotten, gehackt
	Olivenöl
	Salz
	schwarzer Pfeffer, zerstoßen

Landei:

4	Landeier *(Bio Freilandeier)*
25 g	Butterschmalz

Bauernbrot:

4 Scheiben	Bauernbrot *(Tipp: vom Backhaus Grimminger, München)*
25 g	Butterschmalz

Zubereitung:

Das Bauernbrot in einer Pfanne in Butterschmalz rösten und auf einem Küchenpapier abtropfen lassen.

Das Rindfleisch mit einem scharfen Messer in hauchdünne Streifen schneiden und anschließend fein hacken (alternativ: Das Fleisch durch einen Fleischwolf drehen). Das Tatarfleisch in einer Schüssel mit dem Zucker und dem Paprikapulver vermengen und 10 Minuten im Froster ziehen lassen. Mit dem Senf, den Cornichons, dem Cayennepfeffer, den Kapern, etwas Olivenöl, dem Cognac und den Schalottenwürfeln abschmecken. Vor dem Servieren grob gebrochenen, schwarzen Pfeffer dazu geben.

Das Landei im Butterschmalz zu einem Spiegelei braten.

> **Tipp:**
> Für ein Steak-Tatar formen Sie aus der Tatarmasse 4 gleich große Fleischpflanzerl und braten diese von beiden Seiten kurz und scharf an.

Brotzeitbrettl

150 g	Stadtwurst oder Regensburger
150 g	Salamipralinen
200 g	grobe Leberwurst *(Tipp: von Münchens Metzgerei Kuffler)*
200 g	Obatzda
200 g	geräucherter Saibling oder Forelle
100 g	roher Schinken
2	gekochte Eier, halbiert

100 g	Emmentaler *(Tipp: von Berg Bauer Lebensmittel, Wörgl)*
80 g	Fassbutter
4 Scheiben	Bauernbrot *(Tipp: vom Backhaus Grimminger, München)*
1 Bund	Radieschen, mit Grün
1	kleiner Bierrettich oder Eiszapfen
100 g	Kirschtomaten, mit Grün
1 Bund	Krause Petersilie

Blutwurstgröstl

300 g	Blutwurst, ohne Haut *(Tipp: von Münchens Metzgerei Kuffler)*
500 g	Kartoffeln, festkochend
1	Zwiebel, in Ringe geschnitten
8 Zweige	Majoran, frisch gezupft
4 EL	Petersilie, gehackt
	Muskat, gemahlen
	Butterschmalz
	Salz
	Pfeffer

Miniatur-Riesenrad von 1890 aus Gerd Käfers Sammlung.

Zubereitung:

Die Kartoffeln in Salzwasser bissfest garen, dann schälen und in Scheiben schneiden. Die Blutwurst in mittelgroße Stückchen schneiden.

In einer Pfanne etwas Butterschmalz erhitzen, die Kartoffeln mit Salz, Pfeffer und Muskat würzen und bei mittlerer Hitze goldbraun anbraten. Die Zwiebeln und die Blutwurst bei starker Hitze rasch und kräftig mitbraten. So wird die Blutwurst schön weich und bildet trotzdem eine schöne Kruste. Die gezupften Majoranblätter dazugeben und das Ganze mit Salz und Pfeffer abschmecken.

Nürnberger mit Kraut

München

24	Nürnberger Rostbratwürstchen *(Tipp: HoWe Original Nürnberger Rostbratwurst)*
500 g	Sauerkraut
1	Zwiebel, gewürfelt
250 ml	Weißwein
1	Nelke
2	Lorbeerblätter
4	Wacholderbeeeren, angedrückt
1 EL	Öl
50 g	Schweineschmalz
1 TL	Zucker
	Salz
	Pfeffer
	Mittelscharfen Senf *(Tipp: aus der Münchner Metzgerei Kuffler)*

Zubereitung:

Das Schweineschmalz erhitzen und die Zwiebelwürfel glasig dünsten. Etwas Zucker zufügen, kurz karamellisieren lassen, dann mit Weißwein ablöschen.

Das Sauerkraut, die Lorbeerblätter, die Wacholderbeeren und die Nelke zugeben und etwa 30 Minuten zugedeckt köcheln lassen. Mit Salz, Pfeffer und dem Zucker abschmecken.

Die Würstchen von allen Seiten in heißem Öl goldbraun anbraten, dann mit dem Sauerkraut und etwas mittelscharfem Senf anrichten.

Tipp: *Gerd Käfers Lieblingswürstchen sind Uli Hoeneß' Nürnberger von HoWe.*

Ein Käferlein genießt.

Wurstsalat

aus Nürnberger Stadtwurst mit vielen Zwiebeln

600 g	Stadtwurst, ohne Haut
5	Essiggurken
4 EL	Weißweinessig
5 EL	Sonnenblumenöl
½ Bund	Schnittlauch, in feine Röllchen geschnitten
1 Msp.	Senf, mittelscharf
2	große rote Zwiebeln, eine gewürfelt, eine in Halbringe geschnitten *(zum Anrichten)*
	Blattpetersilie, frisch *(zum Anrichten)*
	Zucker
	Salz
	Pfeffer

Tipp:

Zum Servieren mit frischer Blattpetersilie und reichlich roter Zwiebel garnieren.

Zubereitung:

Die Stadtwurst und die Essiggurken jeweils in dünne Scheiben schneiden und überlappend in einen Teller schichten.

Den Essig mit 5 EL Wasser, dem Öl, dem Senf und dem Schnittlauch zu einer homogenen Sauce verrühren. Mit Salz, Pfeffer und etwas Zucker abschmecken.

Die Salatsauce über den Wurstsalat geben und das Ganze abgedeckt mindestens eine Stunde im Kühlschrank ziehen lassen.

Altes Karussell aus dem Jahr 1890 aus Gerd Käfers Sammlung.

Suppen

Erdäpfelsuppe mit Regensburgern

500 g	Kartoffeln, vorwiegend festkochend
100 g	Karotten
1 Stange	Lauch
1	Zwiebel
50 g	Petersilie, fein gehackt
10 Zweige	Majoran, gezupft
1	Lorbeerblatt
1 Liter	Gemüsefond
	Olivenöl
	Muskat
	Salz
	Pfeffer aus der Mühle
300 g	Regensburger, geschält
	Pflanzenöl
	Crème fraîche

Zubereitung:

Die Kartoffeln und die Karotten schälen und in kleine Stücke schneiden. Den Lauch der Länge nach halbieren, waschen, das dunkelgrüne Ende entfernen und in kleine Halbringe schneiden. Die Zwiebel schälen und würfeln.

Die Kartoffeln, die Karotten, die Zwiebelwürfel, das Lorbeerblatt, den Majoran und den Lauch in Olivenöl andünsten. Mit dem Gemüsefond ablöschen und so lange kochen, bis die Kartoffeln weich sind.

Das Lorbeerblatt herausfischen, dann alles mit einem Pürierstab fein mixen. Die Petersilie untermischen und die Suppe mit Salz, Pfeffer und etwas Muskat abschmecken.

Die Regensburger klein schneiden, in Pflanzenöl kross anbraten und mit der Suppe servieren.

Tipp:

Ein Klecks Crème fraîche oder Sauerrahm sowie ein Sträußchen Petersilie eignen sich hervorragend zum Garnieren.

Aufgeschmolzene
Brotsuppe

300 g	**Bauernbrot** *(Tipp: vom Backhaus Grimminger, München)*
100 g	**Pfifferlinge**
1	**Frühlingszwiebel, in feine Ringe geschnitten**
5	**Schalotten, in Ringe geschnitten**
1 Zweig	**Thymian, gezupft**
1	**Salbeiblatt**
2 Zweige	**Majoran**
1 Liter	**Rinderconsommé** *(siehe Grundrezept)*
200 ml	**Butter, geklärt**
1 EL	**Butterschmalz**
	Salz
	schwarzer Pfeffer aus der Mühle

Zubereitung:

Das Bauernbrot in gleichmäßige Würfel schneiden, in 150 g geklärter Butter goldbraun anrösten und auf Küchenpapier abtropfen lassen.

Die Kräuter fein hacken und in einer Pfanne mit der restlichen Butter und den Schalottenringen anschwitzen. Die Pfifferlinge putzen und im Butterschmalz anschwitzen.

Die Brotwürfel, die Frühlingszwiebeln und die Schalotten mit den Pfifferlingen mischen, in Suppentellern anrichten und mit der heißen Consommé übergießen.

Tipp:

Von den Majoran- und Thymianblättchen einige zurückhalten, denn diese eignen sich sehr schön zum Garnieren.

Pfannkuchensuppe
mit frischem Schnittlauch

1 l	Rinderconsommé *(siehe Grundrezept)*
1 EL	Butter

Pfannkuchenteig:

1	Ei
1	Eigelb
6 EL	Sahne
¼ l	Milch
75 g	Mehl
½ Bund	Kerbel, fein gehackt
½ Bund	Petersilie, fein gehackt
½ Bund	Schnittlauch, in feine Röllchen geschnitten
	Muskat
	Salz
	weißer Pfeffer aus der Mühle

Zubereitung:

Aus dem Ei, dem Eigelb, der Sahne, der Milch und dem Mehl in einer Rührschüssel einen geschmeidigen Pfannkuchenteig mischen. Mit Salz, Pfeffer und etwas Muskat abschmecken, dann den Kerbel, die Petersilie sowie die Hälfte des Schnittlauchs dazugeben.

In einer gut beschichteten Pfanne etwas Butter erhitzen und nacheinander dünne Pfannkuchen ausbacken. Die Pfannkuchen noch heiß mit Hilfe einer Gabel aufrollen und auskühlen lassen.

Die Pfannkuchenrollen in schmale Streifen schneiden, in Teller geben und mit der heißen Consommé übergießen. Die Suppe mit dem verbliebenen Schnittlauch garnieren und heiß servieren.

Schwammerlsuppe

mit Rahm

500 g	**Waldpilze, gemischt** *(z. B. Champignons, Egerlinge, Kräuterseitlinge, Steinpilze)*
100 g	**Kartoffeln**
1	**Zwiebel**
½	**Zitrone, Saft**
1 l	**Gemüsefond**
100 ml	**Sahne**
50 ml	**saure Sahne**
	Pflanzenöl
50 g	**kalte Butter, gewürfelt**
½ Bund	**Petersilie, gehackt**
	Kerbel
	Muskat
	Salz
	Pfeffer

Zubereitung:

Die Waldpilze säubern (nicht waschen) und in Stückchen schneiden. In heißem Pflanzenöl scharf anbraten und salzen, sobald das ausgetretene Wasser verdunstet ist. Anschließend die Hälfte der Pilze herausnehmen und beiseite stellen.

Die Kartoffeln und die Zwiebel schälen und klein schneiden. Mit den Pilzen mischen und mit dem Gemüsefond aufgießen. Die kalte Butter dazugeben, sobald die Kartoffeln weich sind, und alles mit dem Pürierstab mixen. Nun die Sahne, die Petersilie und die beiseite gestellten Pilze dazugeben und mit Salz, Pfeffer, Muskat und etwas Zitronensaft abschmecken.

Mit Kerbel und saurer Sahne garnieren.

Bayrische Fischsuppe (Bavariabaisse)

100 g	Lachsforelle, ohne Gräten und Haut
100 g	Saiblingsfilets, ohne Gräten und Haut
100 g	Waller
100 g	Zander, ohne Gräten und Haut
1	Zwiebel
1 Stange	Staudensellerie
1	kleiner Romanesco
4	Tomaten

¼ Kopf	Weißkraut
1 l	Fischfond
1 Zweig	Zitronenthymian, gezupft
1 Zweig	Majoran, gezupft
1 Zweig	Bohnenkraut, gezupft
1	Zitrone, Saft
20 ml	Olivenöl
	Salz
	Sauerrahm
3 Zweige	Dill, fein gehackt

Zubereitung:

Die Tomaten vierteln, vom Kerngehäuse befreien und in gleichmäßige Würfel schneiden. Den Staudensellerie ebenso fein würfeln. Den Romanesco in feine Röschen schneiden und bissfest in reichlich Salzwasser blanchieren (abkochen und in Eiswasser abkühlen). Den Strunk des Weißkrauts entfernen, die Blätter abtrennen und ebenfalls in Würfel schneiden.

Die Fischfilets in mundgerechte Stücke schneiden, mit etwas Zitronensaft beträufeln und salzen.

Das Weißkraut und den Staudensellerie in einem Topf in heißem Öl anschwitzen. Mit dem heißen Fischfond (nicht kochend) ablöschen, dann die Fischstücke, die Tomatenwürfel, die Kräuter und den Romanesco hinzugeben. Etwa 5–6 Minuten ziehen lassen und nicht mehr kochen.

Die Suppe mit reichlich Dill und einem Löffel Sauerrahm garniert servieren.

Hauptgerichte

Wiesn-Hendl

mit Kartoffelsalat

Wiesn-Hendl

Wiesn-Hendl

2	Maishendl *(Tipp: von Albers GmbH, Düsseldorf)*
1	Bio-Zitrone, geviertelt
2	Zwiebeln, gewürfelt
1 Bund	Blattpetersilie
4 Stängel	Liebstöckel
4 EL	Butter
4 EL	Pflanzenöl
	Salz
	Pfeffer aus der Mühle

Kartoffelsalat

500 g	Kartoffeln, festkochend
1	Zwiebel, fein gewürfelt
160 ml	Geflügelfond oder Gemüsebrühe
2 TL	Senf, mittelscharf
45 ml	Rotweinessig
1 TL	Butter
3 EL	Sonnenblumenöl
1 TL	Kümmel
	Zucker
	Salz
	weißer Pfeffer aus der Mühle

Tipp:

Nach der Garzeit mit einer Fleischgabel zwischen Keule und Brust ins Fleisch stechen. Wenn klarer Fleischsaft ausläuft, ist das Hendl fertig. Andernfalls noch ein bisschen weiter garen und den Test wiederholen.

Zubereitung:

Den Backofen auf 155 °C vorheizen. Die Butter und das Öl in einer Pfanne erhitzen und mit Salz und Pfeffer kräftig abschmecken.

Die Hendl von innen mit Salz und Pfeffer würzen und anschließend mit den Kräutern, den Zwiebeln und der Zitrone füllen. Die Öffnung mit einer Rouladennadel verschließen.

Die Hendl von allen Seiten mit der gewürzten Butter einpinseln, auf der Seite liegend auf ein Backblech geben und etwas Wasser angießen. Bei 130 °C Umluft etwa 30 Minuten garen. Nun die Hendl umdrehen, noch einmal mit der Butter einpinseln und weitere 40 Minuten garen. Dabei immer wieder mit der Butter bepinseln.

Die Kartoffeln zusammen mit dem Kümmel und etwas Salz weich kochen und im warmen Zustand pellen. In Scheiben schneiden und in eine Schüssel geben. Die Zwiebelwürfel in der Butter glasig dünsten, mit der Brühe ablöschen und über die Kartoffeln geben. Den Kartoffelsalat mit Salz, Pfeffer, Senf, Zucker und Essig abschmecken und 20 Minuten abgedeckt ziehen lassen, anschließend das Öl hinzugeben und noch einmal abschmecken.

Ente vom Grill

1	**Ente, küchenfertig** *(Tipp: von Albers GmbH, Düsseldorf)*
1	**Orange, ungespritzt**
2	**Äpfel**
2	**Zwiebeln**
1	**Karotte**
4 Zweige	**Majoran**
	Entenjus *(siehe Grundrezept)*
	Salz
	schwarzer Pfeffer aus der Mühle

Zubereitung:

Die Flügelknochen der Ente abschneiden und das Innere der Ente kräftig mit Salz und Pfeffer würzen. Die Orange, die Äpfel, die Karotte und die Zwiebeln schälen und in Würfel schneiden. Den Majoran hacken und mit den Würfeln mischen. Die Hälfte der Mischung als Füllung in die Ente geben und den Bauch mit Nadeln verschließen.

Den Backofen auf 180 °C Umluft vorheizen. Die Ente auf einen Grillrost mit Auffangblech legen und die zweite Hälfte der Füllung auf dem Auffangblech verteilen. Die Ente je nach Größe 1 ½–2 Stunden im Backofen garen lassen und dabei immer wieder mit der Flüssigkeit, die sich im Auffangblech sammelt, begießen.

Am Ende der Garzeit die Temperatur für 10 Minuten auf 210 °C erhöhen, damit die Ente schön knusprig wird. Vor dem Servieren 5 Min. ruhen lassen, dann mit der heißen Entenjus servieren.

Stilecht servieren Sie Ihre Ente mit Kartoffelknödeln und Blaukraut.

Tipp:

Ob die Ente fertig ist, finden Sie mit folgendem Test ganz leicht heraus: Am Ende der Garzeit mit einer Fleischgabel zwischen Keule und Brust ins Fleisch stechen. Wenn klarer Fleischsaft ausläuft, ist die Ente fertig. Sonst noch ein wenig weiter garen und den Test wiederholen.

Kalbshaxe
mit Semmelknödeln und
Bayrisch Kraut

Kalbshaxe

1	Kalbshaxe, ca. 1 ½–2 kg *(Tipp: von Albers GmbH, Düsseldorf)*
100 g	Schalotten, gewürfelt
100 g	Karotten, grob gewürfelt
100 g	Sellerie, grob gewürfelt
2 EL	Tomatenmark
½ l	Rotwein, trocken
½ l	Geflügelfond
4 Zehen	Knoblauch, zerdrückt
1 EL	Mehl
50 g	Butterschmalz
50 g	Öl
	Rosmarin
	Thymian
	Salz
	Pfeffer aus der Mühle

Semmelknödel

5	Semmeln vom Vortag
⅛ l	Milch
3	Eier
1	Zwiebel, fein gewürfelt
4 EL	Petersilie, gehackt
25 g	Butter
	Muskat
1 Prise	Salz
	Pfeffer aus der Mühle

Bayrisch Kraut

600 g	Weißkraut
70 g	durchwachsener Speck, gewürfelt
1	kleine Zwiebel
80 ml	Gemüsebrühe
80 ml	Weißwein
1 EL	Butterschmalz
	Apfelessig
	Kümmel
	Zucker
	Salz
	Pfeffer

Zubereitung siehe nächste Seite –>

Zubereitung Kalbshaxe:

Die Haxe waschen, trocken tupfen und mit reichlich Salz und Pfeffer würzen. Das Butterschmalz in einem Bräter erhitzen und die Haxe von allen Seiten kräftig anbraten.

Die Haxe herausnehmen, das Öl in denselben Bräter geben und die Karotten, den Sellerie und die Schalotten darin bräunen. Das Tomatenmark und das Mehl hinzufügen und nach und nach mit dem Rotwein ablöschen. Weiter köcheln, bis fast alles verdampft ist.

Die Haxe wieder hinein legen, den Geflügelfond angießen, den Knoblauch und die Kräuter dazugeben und abgedeckt bei 165 °C Umluft 1 Stunde schmoren lassen. Anschließend bei 200 °C weitere 60 Minuten garen.

Wenn sich das Fleisch an der oberen Seite des Knochens zusammenzieht, ist die Haxe fertig.

Zubereitung Semmelknödel:

Die Semmeln in Scheiben schneiden und in eine Rührschüssel geben. Die lauwarme Milch über das Brot gießen und abgedeckt 20–30 Minuten ziehen lassen.

Währenddessen die Zwiebeln in der Butter andünsten und zum Schluss kurz die Petersilie mit anschwitzen. Die Eier und die Zwiebelmischung zu der abgekühlten Brotmasse hinzugeben. Mit dem Salz, Pfeffer und etwas Muskat würzen und alles gut vermengen.

Aus der Masse Semmelknödel formen und in kochendes Salzwasser geben. Die Hitze reduzieren und die Knödel mind. 20 Minuten halb zugedeckt garziehen lassen.

Zubereitung Bayrisch Kraut:

Den Speck in dem Butterschmalz anbraten, zum Schluss die Zwiebelwürfel kurz mitbraten. Den in Streifen geschnittenen Weißkohl dazugeben, zuckern und kurz anbraten. Mit Salz, Pfeffer und Kümmel würzen. Den Weißwein angießen und unter gelegentlichem Rühren etwa 15 Minuten weich kochen. Mit Apfelessig abschmecken.

Saures Lüngerl mit Semmelknödln

800 g	Kalbslunge, küchenfertig
1	Karotte, geschält und gewürfelt
1	Lauch, nur das Helle
100 g	Sellerie, geschält und gewürfelt
1	Zwiebel, mit Lorbeer und Nelken gespickt
1	Zitrone, gewaschen und in Scheiben geschnitten
2	Knoblauchzehen
10	Pfefferkörner
3	Pimentkörner
3	Wacholderbeeren, angedrückt
1 Bund	Blattpetersilie, zur Hälfte gehackt
160 ml	Rotweinessig
1 TL	Tomatenmark
100 ml	Sahne
60 g	Butter
60 g	Mehl
1 EL	Senf, scharf
10 g	Zucker
	Muskat
	Salz
	Pfeffer aus der Mühle

Zubereitung:

Aus dem Knoblauch, den Pfefferkörnern, dem Piment und den Wacholderbeeren ein Gewürzsäckchen schnüren.

Die Kalbslunge in 1 ½ Liter kaltem Wasser mit Salz, dem Gemüse, der Spickzwiebel, den Zitronenscheiben, dem Gewürzsäckchen, den Petersilienzweigen und 100 ml Essig aufsetzen und bei mittlerer Hitze 1 Stunde köcheln. Die Lunge dabei am besten mit einem Teller beschweren, damit sie vollständig von der Flüssigkeit bedeckt ist. Sobald sie weich ist, aus der Flüssigkeit nehmen, abkühlen lassen und mit einem scharfen Messer zuerst in Scheiben, dann in Streifen schneiden. Den Kochfond passieren und aufheben.

Die Butter zerlassen, den Zucker und das Mehl hinzugeben und unter ständigem Rühren eine dunkle Einbrenne herstellen. Das Tomatenmark einrühren und mit 60 ml Essig ablöschen. Von dem Kochfond 1 Liter angießen und die Lungenstreifen hineinlegen. Etwa 30 Minuten kochen lassen, dann mit Senf, Sahne, Salz, Pfeffer, Zucker und Muskat abschmecken. Vor dem Servieren mit der gehackten Petersilie bestreuen.

Dazu servieren Sie am besten Semmelknödel (*siehe Rezept „Kalbshaxe“*).

Weißwurst

Weißwurst

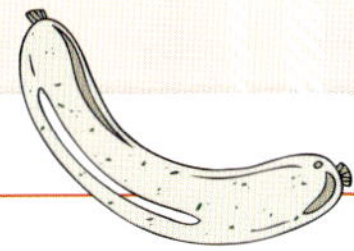

4 Paar	Weißwurst
2 Stängel	Petersilie
1 EL	Salz
100 g	süßer Senf

Tipp:
Servieren Sie dazu frisch gebackene Laugenbrezn.

Zubereitung:

Die Weißwurst mit der Petersilie in einem Topf mit heißem, aber nicht kochendem, Salzwasser geben und darin 10–15 Minuten ziehen lassen. Die Weißwurst heiß mit dem süßen Senf garniert servieren.

Rescher Schweinebauch
mit Blaukraut und Kartoffelknödel

Schweinebauch

800 g	Schweinebauch mit Schwarte, am Stück
150 g	Karotten, geschält und grob gewürfelt
100 g	Sellerie, geschält und grob gewürfelt
1 Stange	Lauch, in Ringe geschnitten
	Dunkelbier *(Tipp: Paulaner Münchner Dunkel)*
1 Bund	Petersilie
3 Zehen	Knoblauch, zerdrückt
1 TL	Kümmel
	Salz
	Pfeffer aus der Mühle

Tipp: Kartoffelknödel und Blaukraut lassen sich herrlich dazu kombinieren.

Zubereitung:

Die Schweineschwarte mit einem scharfen Messer im Abstand von etwa ½ cm einschneiden und von allen Seiten mit Salz, Pfeffer, Knoblauch und Kümmel einreiben.

Den Schweinebauch mit der Schwarte nach unten in einen Bräter geben. Mit Salzwasser auffüllen, bis die Schwarte bedeckt ist und 30 Minuten bei etwa 70 °C auf dem Herd ziehen lassen.

Den Schweinebauch herausnehmen, abtupfen und noch einmal gründlich mit Salz, Pfeffer, Kümmel und Knoblauch einreiben. Das verbliebene Wasser abschütten, dann das Gemüse in den Bräter geben und den Schweinebauch mit der Schwarte nach oben darauf geben. 1 ½–2 Stunden bei 160 °C (Umluft) garen, dabei immer wieder mit Dunkelbier übergießen.

Zum Schluss den Backofen auf Oberhitze einstellen und die Schwarte des Schweinebauchs etwa 10 Minuten bei 220 °C aufkrusten. Die im Bräter gesammelte Sauce passieren und abschmecken. Den Schweinebauch vor dem Servieren einige Minuten ruhen lassen, dann in Scheiben aufschneiden und heiß servieren.

Saibling

im Pergamentpapier mit Wurzelgemüse und Zitronenbutter

4	Saiblingsfilets ohne Gräten und Haut, je 120 g	2	Zitronen, Saft
80 g	Karotten	2 Zweige	Zitronenthymian
80 g	Lauch, nur das Helle	100 g	Butter
80 g	Sellerie		Salz
1 Bund	Dill		Pfeffer aus der Mühle
		4 Blatt	Pergamentpapier, 20 x 20 cm

Zubereitung:

Die Karotten und den Sellerie schälen und in sehr feine Juliennes schneiden. Den Lauch der Länge nach halbieren, waschen und ebenfalls in sehr feine Streifen schneiden. Das Gemüse in Salzwasser bissfest blanchieren, anschließend in Eiswasser abschrecken und mit Salz und Pfeffer abschmecken.

Die Butter in einem Topf zergehen lassen und den Saft der beiden Zitronen hinzugießen. Den Fisch kalt abspülen und gründlich trocken tupfen.

Das Pergamentpapier ausbreiten und jeweils ⅛ der Gemüsestreifen darauf verteilen, den Fisch auf das Gemüse legen und mit Salz und Pfeffer würzen. Das verbliebene Gemüse auf dem Fisch verteilen und mit der Zitronenbutter beträufeln. Reichlich Dill und den Zitronenthymian hinzugeben und das Pergamentpapier zu einem fest verschlossenen Päckchen falten.

Bei 200 °C (Umluft) im vorgeheizten Backofen 6 Minuten garen.

Tipp:

Statt des Pergamentpapiers können Sie auch Alufolie verwenden.

Hauptgerichte Vegetarisch

Kartoffelgemüse mit gebratenen Kräuterseitlingen

Kartoffelgemüse

500 g	Kartoffeln, festkochend
1	Zwiebel, fein gewürfelt
400 ml	Gemüsebrühe oder Wasser
100 ml	Weißwein
100 g	Butter
80 g	Parmesan, gerieben
	Salz

Kräuterseitlinge

500 g	Kräuterseitlinge
1	Zwiebel, fein gewürfelt
1	Knoblauchzehe, gehackt
2 Zweige	Thymian, fein gehackt
3 EL	Blattpetersilie, gehackt
60 g	Butter
40 ml	Olivenöl
	Salz
	Pfeffer

Zubereitung:

Die Kartoffeln schälen und in etwa ½ cm große Würfel schneiden. Die Zwiebelwürfel in etwas Butter andünsten. Die Kartoffelwürfel hinzugeben und mit der Gemüsebrühe bzw. dem Wasser knapp bedecken, salzen und bissfest garen, dabei immer wieder umrühren. Einen Teil der Flüssigkeit abgießen, mit dem Weißwein auffüllen und noch einmal aufkochen. Nach und nach die Butter und den Parmesan einrühren, bis das Kartoffelgemüse eine cremige Konsistenz angenommen hat. Gegebenenfalls mit Salz und Pfeffer nachschmecken.

Die Kräuterseitlinge, die Zwiebeln, den Thymian und den Knoblauch kurz, aber kräftig, im heißen Olivenöl anbraten. Dann die Hitze reduzieren, die Butter und die Petersilie hinzugeben und mit Salz und Pfeffer würzen.

Tipp:

Die Kräuterseitlinge auf dem cremigen Kartoffelgemüse anrichten und mit frisch geriebenem Parmesan garnieren. Statt der Kräuterseitlinge eignen sich auch Steinpilze oder andere Pilze der Saison hervorragend.

Bayrische Kasspatzn

mit gebackenen Zwiebeln

Kasspatzn

500 g	Weizenmehl, Type 405 oder 550
150 g	Emmentaler, gerieben
250 g	kräftiger Bergkäse, gerieben
1 Bund	Schnittlauch, in feine Röllchen geschnitten
8	Eier
100 ml	Sahne
1 EL	Olivenöl
	Muskat
	Salz
	Pfeffer aus der Mühle

Gebackene Zwiebeln

5	Zwiebeln, in Ringe oder Halbringe geschnitten
2 EL	Mehl
	Paprikapulver
1 l	Maiskeimöl

Zubereitung:

Das Mehl in eine Schüssel geben und eine Mulde eindrücken. Salz und das Olivenöl zufügen und unter das Mehl schlagen, bis der Teig Blasen wirft und schön geschmeidig ist.

Nun mit Hilfe eines Spätzlehobels den Teig portionsweise in kochendes Salzwasser hobeln, aufkochen und die Spätzle in kaltem Wasser abschrecken.

Die Spätzle mit dem Käse mischen und mit Salz, Pfeffer und etwas Muskat abschmecken. In eine Auflaufform geben und die Sahne darüber verteilen. Im vorgeheizten Backofen bei 200 °C etwa 10–15 Minuten backen, dann mit dem Schnittlauch garniert servieren.

Die Zwiebeln mit dem Mehl vermischen, sodass sie sich gut voneinander lösen. Mit Paprikapulver bestäuben und im heißen Öl goldgelb ausbacken.

Desserts

Himbeer- und Heidelbeernocken

125 g	Heidelbeeren	1 Prise	Salz
125 g	Himbeeren		Milch
120 g	Mehl	1	Ei
60 g	Zucker		Puderzucker
1 TL	Orangenzucker		Butterschmalz
½	Vanilleschote		

Zubereitung:

Das Mehl, den Zucker, den Orangenzucker, das Vanillemark und das Salz miteinander vermengen und mit etwas Milch und dem Ei zu einem dicken, glatten Teig verrühren. Den Teig in 2 Schüsseln aufteilen. In die eine Schüssel die Heidelbeeren und in die andere Schüssel die Himbeeren geben und jeweils mit einem Löffel unter den Teig heben. Etwa 20–30 Minuten im Kühlschrank ruhen lassen.

In einer heißen Pfanne etwas Butterschmalz schmelzen, mit einem Löffel kleine Nocken ausstechen und in der Pfanne ausbacken. Vor dem Servieren mit Puderzucker bestäuben.

Tipp: Servieren Sie die Himbeer- und Heidelbeernocken mit Vanilleeis.

Altes Karussell aus dem Jahr 1915 aus Gerd Käfers Sammlung.

Bayrisch Creme
mit Beeren und Sabayon

Creme

250 ml	Milch
2	Vanilleschoten, längs aufgeschnitten
50 g	Zucker
3	Eigelb
4 Blatt	Gelatine
250 ml	Sahne, geschlagen
200 g	gemischte Beeren
100 g	Orangenzucker
	Salz

Sabayon

2	Eigelb
1	Ei
75 g	Zucker
210 ml	Weißwein
35 ml	Marsala
½	Zitrone, Saft

Tipp:

Den Orangenzucker können Sie aus 100 g Zucker und dem Abrieb einer halben unbehandelten Orange leicht selbst herstellen.

Zubereitung:

Die Gelatine in kaltem Wasser einweichen. Die Vanillestangen auskratzen und zusammen mit dem Vanillemark in der Milch aufkochen. Das Eigelb mit dem Zucker in einer wasserbadtauglichen Schüssel schaumig aufschlagen, bis sich der Zucker vollständig aufgelöst hat. Nun die leicht abgekühlte Milch von den Vanilleschoten befreien und unter Rühren nach und nach in die Eimasse geben. Im Wasserbad bei milder Hitze unter ständigem Rühren erhitzen, bis die Masse leicht anzieht und schaumig wird (ca. 80 °C). Die Gelatine ausdrücken und unter Rühren in der Masse auflösen. Die Creme nun in einem kalten Wasserbad so lange rühren, bis sie sich nicht mehr warm anfühlt, wenn Sie einen Finger eintauchen. Dann die geschlagene Sahne unterheben, die Creme in die vorgesehenen Schalen füllen und mind. 2 Stunden kalt stellen.

Die Beeren waschen, mit etwas Orangenzucker verfeinern und zum Servieren auf die Creme geben.

Für die Sabayon alle Zutaten zügig über einem Wasserbad aufschlagen, bis die Masse eine weiß-schaumige Konsistenz erreicht und das Volumen steigt. Unbedingt darauf achten, dass sie nicht zu heiß wird, da sonst das Ei stockt.

Vanilleeis *Das Originalrezept der Eismanufaktur Fontanella*

250 g	Zucker
1	Vanilleschote
6	Eigelb, von großen Eiern
500 ml	Sahne
	Mandelöl *(nach Geschmack)*

Zubereitung:

Den Zucker in einem kleinen Topf in 90 ml Wasser auflösen. Die Vanilleschote längs aufschneiden, das Mark herauskratzen und zusammen mit der Schote ebenfalls ins Wasser geben. 2–3 Minuten aufkochen, dann abkühlen lassen und die Vanilleschote entfernen.

Das Eigelb im warmen Wasserbad aufschlagen und den Vanillesirup langsam hinzufügen. Weitere 5 Minuten rühren, dann vom Herd nehmen und weiter rühren, bis die Masse cremig und fester wird und abkühlt.

Die Sahne in einer großen kalten Schale aufschlagen, dann vorsichtig unter die Vanillemasse heben. Eine Schale – nach Geschmack – mit etwas Mandelöl einpinseln. Die Vanillemasse hineingeben und 5 Stunden im Tiefkühlfach frieren lassen. Die restliche Sahne aufschlagen und zum Dekorieren verwenden.

Apfelkiachl mit Sauerrahmeis

4	Äpfel
200 g	Mehl
50 g	Zucker
1 Prise	Salz
1	Zitrone, Schale
4	Eier
200 ml	Bier, helles
	Zimtzucker
	Butterschmalz

Saure-Sahne-Eis
nach Rezept der Eismanufaktur Fontanella

1	Vanilleschote
100 g	Zucker
½	Limette, Saft und Schale
300 g	Saure Sahne
200 g	Sahne
1	Eiweiß

Zubereitung:

Für den Bierteig das Mehl, den Zucker, das Salz, den Zitronenabrieb, die Eier und das Bier zügig zu einem glatten Teig verrühren. Die Äpfel schälen, vom Kerngehäuse befreien und in etwa 1 cm dicke Scheiben schneiden. Die Apfelscheiben durch den Bierteig ziehen und darauf achten, dass die Scheiben gut vom Teig umhüllt sind.

In einer Pfanne reichlich Butterschmalz erhitzen und mit Hilfe einer Gabel vorsichtig die Apfelscheiben hineingleiten lassen. Von beiden Seiten goldgelb ausbacken und auf einem Küchenpapier abtropfen lassen. Anschließend in Zimtzucker wenden.

Für das Sauerrahmeis den Zucker in einem kleinen Topf in 100 ml Wasser auflösen. Die Vanilleschote längs aufschneiden, das Mark herauskratzen und zusammen mit der Schote ebenfalls ins Wasser geben. Bei mittlerer Hitze 3–4 Minuten zu einem Sirup aufkochen, dann die Vanilleschote entfernen. Drei Viertel des Limettensaftes, die Limettenschale, die Saure Sahne und die Sahne mit dem abgekühlten Zuckersirup verrühren und in eine Eismaschine geben. Nach Anleitung des Herstellers zu Eiscreme gefrieren lassen. Das Eiweiß zu einem festen Eischnee schlagen und 2 Minuten vor dem Ende der Frierzeit mit in die Eismaschine geben.

Tipp:

Halten Sie ein Holzstäbchen (Schaschlikspieß) in das Butterschmalz. Sobald es Blasen zu werfen beginnt, ist es heiß genug.

Tipp:

Wer fertiges Eis bevorzugt, findet bei der Eismanufaktur Fontanella eine große Auswahl.

Kaiserschmarrn
mit Zwetschgen-Röster

130 g	Mehl
250 ml	Milch, lauwarm
4	Eier
80 g	Zucker
1	Orange, Schale
1	Vanilleschote
50 g	Butterschmalz
1 Prise	Salz
	Puderzucker

Zwetschgenröster

500 g	Zwetschgen, entsteint
150 g	Zucker
1	Zimtstange
1	Orange, Schale
100 g	Pflaumenmus

Zubereitung:

Die Eier trennen, die Vanilleschote längs aufschneiden und das Mark herauskratzen. Das Mehl in eine Schüssel geben und mit der lauwarmen Milch zügig verquirlen, dann das Eigelb hinzufügen. Den Abrieb der Orange und das Vanillemark hinzugeben und verrühren.

Das Eiweiß mit dem Salz und 50 g Zucker zu einem festen Eischnee aufschlagen. Das Butterschmalz in einer ofenfesten Pfanne erhitzen, den Teig hineingießen und 15 Minuten im vorgeheizten Backofen bei 200 °C backen. Den Teig anschließend vierteln, wenden und etwa 10 Minuten fertig backen.

Den Kaiserschmarrn in Stücke rupfen, mit 30 g Zucker bestreuen und auf dem Herd karamellisieren lassen (Vorsicht, der Griff ist heiß!). Vor dem Servieren mit Puderzucker bestreuen.

Für den Zwetschgenröster die Orangenschale als langes Band abschälen. Zusammen mit den Zwetschgen, dem Zucker und der Zimtstange in einen Topf geben und unter Rühren langsam erhitzen. Sobald die Zwetschgen Flüssigkeit verlieren die Hitze etwas erhöhen und das Ganze 5 Minuten köcheln lassen. Nun die Zimtstange und die Orangenschale entfernen und das Pflaumenmus unterrühren.

Schokoladenpudding

mit Nüssen und frischer Sahne

500 ml	Milch
60 g	Zucker
40 g	Vanillecremepulver
3	Eigelb
50 g	Zartbitterkuvertüre, gehackt
50 g	Vollmilchkuvertüre, gehackt
150 ml	Sahne
80 g	Walnüsse, karamellisiert

Zubereitung:

400 ml Milch mit dem Zucker aufkochen. In einer Schüssel das Cremepulver, das Eigelb und die restliche Milch verrühren. Sobald die Milch kocht, etwa 100 ml unter ständigem Rühren zu dem Cremepulver-Eigelb-Gemisch gießen und gut verrühren. Das Gemisch anschließend unter ständigem Rühren zu der heißen Milch zurückgeben, einmal kurz aufkochen lassen und den Topf vom Herd nehmen.

Die Milch auf zwei Schüsseln aufteilen, je eine Kuvertüre hinzugeben und in der heißen Milch schmelzen. Sobald die Kuvertüre geschmolzen ist, die Sahne unterrühren, die Nüsse dazugeben und in die vorhergesehenen Gläser oder Schüsseln füllen.

Tipp:

Dieses Dessert schmeckt sowohl warm als auch kalt. Kurz vor dem Servieren noch einen kleinen Klecks halbgeschlagene Sahne hinaufgeben und mit einigen karamellisierten Walnüssen garnieren.

Wenn Sie während des Abkühlens eine Frischhaltefolie direkt auf die Puddingoberfläche legen, bildet sich keine Haut!

Mohnbuchteln mit Herzkirschen und Vanilleeis

250 g	Mehl
20 g	Hefe
20 g	Zucker
120 ml	Milch, lauwarm
1	Ei
½	Zitrone, Schale
20 g	Butter
150 g	Mohnbackmischung
100 g	Frischkäse
50 g	Zimtzucker
1 Prise	Salz
	Mehl für die Arbeitsfläche

Herzkirschen

200 g	Herzkirschen, entsteint
270 ml	roter Portwein
80 g	Zucker
1	Vanilleschote
1	Zimtstange
1	Sternanis
1	Gewürznelke
1	Orange, Schale
30 g	Weizenstärke

Tipp: Auch hier empfiehlt sich das Eis der Eismanufaktur Fontanella.

Zubereitung:

Das Mehl in eine Schüssel geben, in die Mitte eine Mulde drücken und die Hefe hineinbröckeln. 1 TL Zucker und die lauwarme Milch dazugeben und zugedeckt etwa 15 Minuten ruhen lassen. Dann die Zitronenschale, das Ei, das Salz und die Hälfte der Butter unterkneten. Abgedeckt etwa 30 Minuten gehen lassen, bis sich das Volumen verdoppelt hat. Dann kräftig durchkneten. Zu einer Rolle formen, in 12 gleich große Stücke schneiden und diese zu Fladen von etwa 10 cm Durchmesser ausrollen. Je 1 TL Frischkäse und Mohnbackmischung in die Mitte geben, dann den Teig zu Päckchen verschließen.

Die Buchteln mit der Naht nach unten in eine Backform setzen und 10 Minuten gehen lassen. Die restliche Butter zerlassen, den Teig damit bestreichen und etwa 25 Minuten bei 170 °C im vorgeheizten Backofen backen. Anschließend mit Zimtzucker bestreuen.

Für die Herzkirschen 230 ml Portwein, den Zucker, das ausgekratzte Vanillemark, die Vanilleschote, die Zimtstange, den Sternanis, die Nelke und die Orangenschale aufkochen und auf etwa ein Drittel reduzieren lassen. Die Stärke in 40 ml Portwein einrühren und zur Bindung in den Sud geben. Das Ganze etwa 4 Minuten köcheln lassen, dann vom Herd nehmen, abkühlen lassen und anschließend die Herzkirschen dazu geben.

Grundrezepte

Rinderconsommé

Ergibt etwa 1 ½ Liter

300 g	Rinderwade, durch den Wolf gedreht
4	Eiweiß
2	Karotten
40 g	Sellerie
40 g	Lauch
1	Lorbeerblatt
6	Wacholderbeeren, angedrückt
2 Zweige	Petersilie
2 l	Rinderbouillon
150 g	Eiswürfel
	Salz
	Pfeffer aus der Mühle

Zubereitung:

Die Karotten, den Sellerie und den Lauch putzen, waschen und fein würfeln. Das Eiweiß mit einem Schneebesen leicht schaumig schlagen und zusammen mit dem Gemüse, den Kräutern und Gewürzen unter das Fleisch ziehen und gründlich mischen.

Die kalte Rinderbouillon in einen Topf geben und die Fleischmasse einrühren. Die Eiswürfel hinzugeben, dann auf mittlerer Hitze langsam erwärmen, damit das Fleischeiweiß nicht am Topfboden anbrennt. Dabei immer mal wieder sehr vorsichtig und langsam am Topfboden rühren.

Die Bouillon einmal aufkochen lassen und den Schaum abschöpfen. Nun die Temperatur zurück drehen und die Bouillon auf niedriger Hitze etwa 15 Minuten sieden lassen. Evtl. aufsteigenden Schaum abschöpfen. Die Consommé schließlich durch ein Passiertuch oder ein sehr feines Sieb passieren und mit Salz und Pfeffer abschmecken.

Entenjus

Ergibt etwa 1 Liter

2 ½ kg	Entenknochen	50 ml	Orangensaft, frisch gepresst
1	Karotte, gewürfelt	90 ml	Rotwein, trocken
50 g	Sellerie, gewürfelt	1 ½ l	Rinderbouillon *(oder Gemüsebrühe)*
80 g	rote Zwiebel, gewürfelt	25 ml	Rapsöl oder Entenfett
1	Apfel, gewürfelt *(vorzugsweise Boskop)*	1	Lorbeerblatt
1	Knoblauchzehe, zerdrückt	1	Nelke
25 g	Tomatenmark	3	Pfefferkörner
1 Zweig	Thymian		Salz
2 Zweige	Majoran		schwarzer Pfeffer aus der Mühle

Zubereitung:

Die Entenknochen zerkleinern und portionsweise scharf in einem Topf in heißem Rapsöl anbraten. Die Karotten, den Sellerie, die Zwiebeln und den Apfel putzen und würfeln und zusammen mit dem Knoblauch hinzufügen und braun anrösten. Das Tomatenmark, den Thymian und den Majoran hinzugeben und ebenfalls kurz mitrösten.

Nach und nach mit dem Orangensaft und dem Rotwein ablöschen und die Flüssigkeit fast vollständig einkochen lassen. Mit der Rinderbouillon aufgießen und aufkochen. Immer wieder mit einem Schaumlöffel den sich bildenden Schaum und das Fett abschöpfen. Den Lorbeer, die Nelke und die Pfefferkörner hinzugeben und bei mittlerer Hitze 1 ½ Stunden leicht köcheln lassen.

Die Entenjus durch ein Passiertuch oder ein sehr feines Sieb passieren und erneut aufkochen. Nach Belieben mit Salz und Pfeffer abschmecken.

Kartoffelknödel

1 kg	Kartoffeln, mehlig kochend
75 g	Weizenmehl, Type 405
2	Eier
4 EL	Butter
4 EL	Semmelbrösel
	Salz

Zubereitung:

Die Kartoffeln in Alufolie einwickeln und im vorgeheizten Backofen bei 200 °C Umluft mind. 1 Stunde backen. Nun die Kartoffeln aus der Folie nehmen und schälen. Anschließend die noch heißen Kartoffeln durch eine Presse in eine Schüssel drücken und das Mehl, das Salz und die Eier hinzufügen. Die Kartoffelmasse mit den bemehlten Händen zu Knödeln formen, in sprudelndes Salzwasser geben und 20 Minuten bei reduzierter Hitze ziehen lassen.

Die Butter in einer Pfanne schmelzen, die Brösel einrühren und gleichmäßig bräunen. Die Kartoffelknödel vor dem Servieren mit der Bröselbutter garnieren.

Gerd Käfers Tipps für Ihre Wiesn daheim

Ohne Bierbänke geht gar nix

Wenn Sie keine Biertisch-Garnitur(en) besitzen, leihen Sie sich am besten eine oder mehrere bei einem benachbarten Getränkemarkt oder einer Brauerei aus. Auf die Holztische kommen Decken. Entweder aus Papier – zum Beispiel mit weiß-blauem Rautenmuster – oder aus Stoff. Je nach Ambiente aus bäuerlichem rot-weißen Leinen, kariert oder rustikal aus Jute-Gewebe. Wenn Sie es grün mögen, nehmen Sie ein Stück Rollrasen (gibt's im Internet). Den Tipp zur Naturtafel habe ich von Jörg Doll aus Salzburg, für mich Europas bester Kunstgärtner.

Tisch-Deko:

Damit der Tisch zünftig aussieht, gibt's viele Möglichkeiten: von selbstgebastelten Serviettenringen mit roten Filzherzerln, Bestecken in bunten Gläsern, dazu Maßkrüge, aufgestapelte Brezn (oder notfalls kleine Salzbrezeln) und natürlich ein Brotzeitbrettl. Das Brettl ist das „Opening" und muss entsprechend präsentiert werden. Am besten „hochgestapelt" auf umgedrehten Krügen oder Gläsern. Das gilt auch fürs Dessert-Finale: Der Kaiserschmarrn wird „erhöht" auf den Krügen serviert – und das in der Pfanne, genau wie auf der Theresienwiese.

Ob draußen oder drinnen:

Girlanden (ein Klassiker: grüne Tannenzweige mit weißblauen Bändern) oder bunte Lichter gehören dazu. Oder Sie bieten Schmankerl zum Pflücken und schmücken einen Baum mit weiß-blauen Bändern und hängen Radieserl und Brezn dran. Ob selbst gebastelt oder gekauft – Hauptsache, Sie kombinieren die Farben Weiß und Blau. Schließlich heißt es in der Bayernhymne: „Und erhalte dir die Farben deines Himmels, weiß und blau."

Zelt:

Wer einen Garten und Platz hat, kann sich auch sein eigenes kleines Festzelt oder einen Pavillon aufstellen. Diese Überdachung gibt's in Super- und Baumärkten zu moderaten Preisen, man kann sie auch mieten oder vielleicht in der Nachbarschaft ausleihen. Das ist der ideale Unterschlupf, wenn Petrus Ihnen den Abend verregnet.

Getränke:

Für Ihr Oktoberfest daheim sollten Sie sich auf jeden Fall ein Fass besorgen und es selbst anstechen. Natürlich mit dem Ruf: „Ozapft is!" Dazu gibt's Wein, Limo, Wasser … und zwischendurch Kaffee.

Aperitif:

Zur Einstimmung empfehle ich einen Aperitif:

Entweder ½ gefrorenes Krügerl mit eisgekühltem Champagner

Oder einen *Apple Apéro*: Naturtrüber Apfelsaft aus Cox Orange, Prosecco und Eiswürfeln. Beides halb und halb in einem großen Rotweinglas mischen, dazu Zitronensaft, eine Apfelscheibe mit roter Schale – und mit vielen Eiswürfeln servieren.

Musik & Tanz:

Für die Ohren gibt es alles, was die Wiesn rockt: Hits, Klassiker, Schunkel- und Schmuse-Songs. Falls die Gastgeber oder jemand unter den Gästen ein Instrument spielt oder gern singt – jetzt oder nie: Live-Musik bringt die Stimmung zum Sieden. Wo getanzt wird, entscheiden die Gastgeber: Naheliegend sind – wie auf der Theresienwiese – die Bänke. Die müssen allerdings fest verankert sein.

Mein Tipp:

Wenn es viel aufzuräumen gibt, laden Sie am nächsten Vormittag zum gemütlichen Frühstück ein – mit den kulinarischen Resten von Ihrer Wiesn und frischen Weißwürsten. Gut gestärkt geht's dann zum Ramadama (Aufräumen).

Einlagen zwischendurch:

Dosen werfen oder Finger hackeln … Das heizt die gute Laune an.

Pfiat eich:

Ob Sie sich an die Sperrstunde der Festzelte halten oder den Zeitpunkt selbst festsetzen, kündigen Sie das Finale charmant mit den gewohnten Rausschmeißer-Songs der Wiesn an – wie zum Beispiel „Sierra Madre". Oder Sie lassen die Bayernhymne erklingen und alle singen mit.

Gerd Käfer: Mein Wiesn-ABC

ANBANDELN: Das Flirten gehört zur Wiesn wie Bier, Brezn, Hendl und Radi. So blitzschnell wie heute hat es in den 1980ern allerdings nicht gefunkt. Da lief es romantischer ab, musste man sich mehr umeinander bemühen. Heute sind die Buam und Madln viel lockerer drauf. Es wird meist nicht lange „obandelt", sondern geht gleich zur Sache: Wiesn, Bier, Bett. Aber das ist nicht mein Bier. Ich bin kein Moralapostel, sondern ein großer Romantiker. Wenn mir früher ein Madl gefallen hat, haben wir unsere Adressen ausgetauscht und uns außerhalb des Fests getroffen.

BAVARIA: Was für ein Pracht-Weib! Neben der 18,52 Meter hohen Bavaria fühlt sich auch der größte Mann winzig. Seit 1850 thront Bayerns weltliche Patronin über der Theresienwiese – auf Betreiben König Ludwigs I. Er wollte aus München eine Stadt machen, die Deutschland „zur Ehre gereicht", musste wegen seiner Affäre mit der irischen Tänzerin Lola Montez selbst allerdings unehrenhaft abdanken. Da konnte ihm auch die Bavaria nicht helfen. Mir dagegen hat die Säulenheilige Glück gebracht. Im Jahr 1973, zwei Jahre nach meinem Einstand als Wirt in „Käfers Wiesn-Schänke" (damals noch eine kleine Almhütte für gerade einmal 60 Gäste), bot mir die Stadt ein größeres Gelände zu Füßen der Bavaria an. Dieses lag allerdings weit entfernt von der überlaufenen Wirtsbuden-Straße und barg damit ein gewisses Risiko für mich als Chef. Würden die Gäste zu uns finden? Ja! Sie strömten in Scharen herbei. Mittlerweile sind es täglich über 3000 Besucher, und aus der kleinen Hütte ist ein urgemütliches Bauernhaus geworden.

CHARIVARI: Wann ist ein Mann ein Mann? Modisch macht er auf der Wiesn was her, wenn er ein Charivari (gesprochen: „Schariwari") trägt. Das ist eine circa 33 Zentimeter lange Silberkette, an der – je nach Geldbeutel und Geschmack – Tierzähne, Kristalle, Münzen und andere Glücksbringer hängen. Früher wurden die Charivari nicht gekauft, sondern meist bei der Jagd „erworben" und später vererbt. Da ich kein Saison-Trachtler bin, trage ich meine Kette auch abseits der Wiesn.

DIRNDL: Im Dirndl ist einfach jede Frau a fesches Madl. Da kann eine 18-Jährige in Jeans und T-Shirt nicht mithalten, sie ist einfach keine richtige Wiesn-Gängerin. Wer in Tracht kommt – das gilt auch für die Mannsbilder – der bringt sich beim Anziehen daheim schon in Stimmung. Und die zündet dann auch, erst recht für die Männer, wenn die Damen ihre Amüsier-Krapferl oder Busenblitzer lupfen … Das Dirndl ist ein Kompliment an die Weiblichkeit. Übrigens, meine Herren, achten Sie auf die Schürzenschleife. Sie verrät den Beziehungsstatus Ihrer Augenweide. Schleife links – Glück bringt's: Die Frau ist ledig. Rechts gebunden: Vorsicht, die Schöne ist in festen Händen. Witwen binden die Schleife hinten mittig und Jungfrauen vorne.

In Angermaier Dirndl und Tracht aufs Oktoberfest.

EINZUG: „Wow, what an event!", sagte mir letztes Jahr ein Amerikaner beim Einzug der Wiesn-Wirte. Recht hat(te) er. Wenngleich nicht alles, was sich heute Event nennt, auch tatsächlich eines ist – dieser Einzug ist wirklich ein Ereignis, eine seit 1887 gelebte Tradition, die unter die Haut geht: die blumengeschmückten Kutschen der Wirte, die prächtigen Pferdegespanne der Brauereien, die Festwagen mit den Krüge schwenkenden Kellnerinnen … In meinen 24 Jahren als Wirt bin ich jedoch selten im Wagen mitgefahren, sondern nebenher auf einem Haflinger geritten. Ich mag es eben gern a bisserl anders als die anderen.

FAHRGESCHÄFTE: Mindestens 170 sind es. Aber egal, ob Sie auf Nervenkitzel wie den „Sky Fall" stehen, bei dem man im freien Fall 75 Meter in die Tiefe rauscht, oder auf die gemütliche „Krinoline", die seit 1924 wie ein Reifrock schwingend ihre Runden dreht (Live-Blasmusik inklusive) – mein Tipp für alle Besucher ohne Höhenangst: einmal Riesenrad fahren. Der Blick aus 50 Metern Höhe über die Wiesn und das angrenzende München ist ein Traum.

GAUDI: Als Wiesn-Wirt hatte ich keine Zeit für Karussells, doch jetzt erlaube ich mir die Gaudi, also den Spaß. Geisterbahn und Auto-Scooter – das ist meins. Ein tierisches Vergnügen bereiten mir alle Jahre wieder der Floh-Zirkus und der Schichtl (siehe *Wiesn historisch*).

HAFERL: Es muss nicht immer Bier sein, auch Kaffee gehört zur Wiesn. In den 1970ern wurde er noch klassisch serviert – mit Tasse, Untertasse und eventuell im Kännchen. Die Hin- und Abräumerei hat das Personal Zeit und Nerven gekostet. So habe ich damals die Haferl mit den roten Glückskäfern kreiert. Ein zeitloser Renner, der mittlerweile weltweit mehr als 10 Millionen Mal verkauft wurde. Haferlschuhe zur Tracht gibt's auch. Die wurden ursprünglich als Arbeitsschuhe auf dem Land getragen, sind sehr bequem und haben einen speziellen Schnitt, der einer großen Tasse ähnelt.

ITALIENER: Mamma Mia! Das zweite Wiesn-Wochenende ist fest in italienischer Hand. Über 75 000 Azzurri kommen alljährlich über den Brenner zum „Festa della Birra" nach München und rollen dabei meist in einer Wohnmobil-Welle an, mit Carabinieri aus Südtirol, die bei Sprachproblemen helfen. „Birra, Wurstel, Krauti, Amore" – das ist für viele „La Dolce Vita" auf Bayrisch.

JANKER: Ich liebe die Joppn und zwar das ganze Jahr über. Ich besitze 30 Janker in vielen Farben, trage sie mit Weste fast überall, nur nicht in der Oper. Janker sind wunderbar leger, man sieht gemütlich aus, halt wie ein Bayer. Mittlerweile entwerfen immer mehr Prominente ihre eigenen Kollektionen – wie Lukas Podolski oder Hackl Schorsch, das Rodel-As. Die FC-Bayern-Spieler tragen Adidas-Janker.

KÄFER-SCHÄNKE: Unsere Schänke ist eine Ausnahme auf der Wiesn, ein Unikat. Sie ist kein Zelt, sondern ganz aus Holz, ein gemütliches Bauernhaus, auf zwei Etagen mit Balkonen und zwei Kapellen liebevoll und urig eingerichtet. Oben wird heiß getanzt, unten mehr geschunkelt. Mehr als 3000 Gäste, die sehen und gesehen werden wollen, schwelgen hier jeden Abend in ihrer Freude am Leben. Stars, Promis, Menschen wie Sie und ich. Meine jahrelangen Lieblingsgäste sind leider nicht mehr dabei: der legendäre Playboy-Gentleman Gunter Sachs und der schillernde Musikmanager Monti Lüftner. Auch der damalige Ministerpräsident Franz Josef Strauß war ein Stammgast. Zwei Tage vor seinem Tod am 3. Oktober 1988 war er bei mir in der Schänke und hat wie immer ein halbes Hendl mit Petersilienbutter gegessen. Danach ist er mit dem Hubschrauber nach Regensburg zur Jagd mit Fürst Johannes von Thurn und Taxis und seiner Frau Gloria geflogen. Nach der Landung ist er bewusstlos zusammengebrochen und zwei Tage später nach einer Not-OP an Herz-Kreislauf-Versagen gestorben. Sein Trauerzug war der größte in der Geschichte Münchens. Selbst für Könige hatte es keinen größeren gegeben ... Irgendwann werde ich ihm im Himmel wieder sein Hendl servieren.

LEDERHOSN: Die Krachlederne gab es bereits vor der Wiesn, als Alltags- und Festtagskleidung auf dem Land, die von Generation zu Generation vererbt wurde. Österreichs Erzherzog Johann und Kaiser Franz Josef, der Ehemann von unserer Sisi, machten diese Hose salonfähig. Ich bekam meine erste mit vier Jahren. Meine Oma hat sie mir zu meinem Oktoberfest-Debüt gekauft. Und ich darf in aller Bescheidenheit sagen, dass die gleichaltrigen Madln mir nachgeschaut haben wie die schönen Münchnerinnen dem FC-Bayern-Trainer Pep Guardiola, als er sich in eine Lederne gschmissen hat. Übrigens: Eine gute Wildlederhose hält's aus, wenn Sie die fettigen Finger an ihr abwischen, das verleiht ihr Patina.

MASSKRUG: Im Steinkrug, dem Keferloher, bleibt das Bier am längsten kühl. Aber den gibt es inzwischen nur noch als heißbegehrtes Sammler-Objekt. In den Zelten wird die Ein-Liter-Maß in Glaskrügen serviert, die der jeweiligen Brauerei gehören. Drum: Finger weg! Beim Krug-

Klau verstehen die Wirte und das Sicherheitspersonal keinen Spaß. Jeder Diebstahl wird angezeigt.

NOAGERL: Das Noagerl – die Neige – ist der letzte Rest Bier im Krug. Nur Bier-Banausen schlucken das abgestandene Pfützerl runter. Genießer wie ich bestellen sich lieber eine neue Maß oder einen sogenannten Schnitt, ein schnell eingeschenktes Bier – halb Schaum, halb Gerstensaft.

O'ZAPFT IS: Mit diesem traditionellen Ruf eröffnet Münchens Oberbürgermeister am ersten Wiesn-Samstag um 12 Uhr mittags im Schottenhamel das Oktoberfest, nachdem er das erste Holzfaß angestochen und die erste Maß gezapft hat. OB Christian Ude schaffte den Anstich 2013, in seinem letzten Amtsjahr, mit zwei Schlägen. Sein legendärer Vorgänger, Thomas „Dammerl" Wimmer, der 1950 spontan auf die Idee mit dem Anstich kam, brauchte dazu noch 19 Schläge. Seine Nachfolger hatten halt mehr Zeit zum Üben. Nach dem OB-Anstich fallen 12 Böllerschüsse, danach wird „gsuffa" (getrunken) und das Festbier fließt in allen Zelten.

Darf auf keinem Brotzeitbrettl fehlen: Käse von Berg Bauer.

PROSIT: Wenn die Wiesn-Kapellen den Trinklied-Klassiker „Ein Prosit der Gemütlichkeit" anstimmen, klirren die Krüge in den Zelten. Und dann klingeln auch die Kassen der Wirte. Das ist so eine Art Initialzündung: Auch der, der gerade getrunken hat, schwenkt beim Prosit sofort erneut den Krug und nimmt einen herzhaften Schluck … Da das Trinklied meist mehrmals pro Stunde gespielt wird, fließt der Nachschub in Strömen. Oans, zwoa, gsuffa! Das gilt offenbar auch außerhalb Bayerns: Der Text stammt von einem Bremer, die Musik von einem Chemnitzer.

QUITTENSCHNAPS: Diesen Schnaps bestellen die Madln gern nach dem Schweinsbraten, weil er so fruchtig und leicht schmeckt. Aber Vorsicht: Ganz ohne (Prozente) ist er nicht. Die Buam halten sich an Obstler. Ich auch.

RESERVIERUNG: Nach der Wiesn ist vor der Wiesn. Kaum ist das Oktoberfest vorbei, beginnt der Run auf die Tische und Boxen in den Zelten für die nächste Wiesn. Wer sich nicht rechtzeitig darum kümmert, muss damit rechnen, dass sein Lieblingszelt „wegen Überfüllung geschlossen" ist. Da muss ein Madl schon ganz besonders fesch sein, damit die Security-Männer ein Auge zudrücken und es reinlassen. Aber Verlass ist nicht darauf. Darum lohnt es sich, früh zu reservieren, vor allem für die Abendstunden, denn die Nachfrage ist weitaus größer als das Angebot. Auf den Internet-Seiten der Wirte und der Homepage der Stadt München finden Sie alle Kontaktdaten. Bitte aufpassen bei unbekannten Anbietern. Die können unseriös sein und Wucherpreise verlangen. Für die Mittags-Wiesn gibt es oft noch Tische. Lässiger läuft's auch nebenan auf der „Oiden Wiesn", dem Retro-Oktoberfest mit alten Karussellen und Museum. Die drei Euro Eintritt sind's wert – auf der Oiden fühlen sich auch die Jungen dahoam.

SCHATZI, schenk mir ein Foto: Der Schlager von Mickie Krause ist ein Dauerbrenner in den Festzelten. Wie auch „So a scheener Tog", das Fliegerlied von Donikkl, „I sing a Liad für di" von Alpenrocker Andreas Gabalier, Hubert von Goiserns „Brenna tuats guat" oder „Sierra Madre" von den Schürzenjägern. Dazu die Hits aus den aktuellen Charts. Da gibt's kein Halten mehr, es liegen sich alle schunkelnd in den Armen, wird auf den Bänken getanzt und gesungen. Ich staune immer, wie textsicher viele auch nach der dritten Maß noch sind.

TRACHT: In den 1980ern haben meist nur Traditionalisten Dirndl und Lederhosn getragen. Jungen Leuten war die Tracht zu spießig. Seit einigen Jahren sind Brauchtum und Heimatverbundenheit wieder gefragt und die Tracht gehört auf der Wiesn längst zum Dresscode. Da wollen auch die Touristen mithalten und brezeln sich immer mehr auf. Warum nicht? Ich finde Tradition sexy. Nur diese glitzernden, kurzen Mini-Dirndl, die braucht's nicht. Die Wiesn ist keine Disco.

UMFRAGE: Laut einer weltweiten Umfrage kennen 91 Prozent der Erdbevölkerung unser Münchner Oktoberfest. Ja dann: Willkommen im Himmel auf Erden!

VEGGIE-WIESN: Kasspatzn ohne Kas. Bio-Hühnerfrikassee ohne Huhn. Klingt zunächst komisch, schmeckt aber gut. Ich hab's probiert – als Nicht-Veganer. Seit 2013 gibt es auf der Wiesn auch Schmankerl für Gäste, die beim Essen auf tierische Produkte wie Fisch und Fleisch sowie auf Milchprodukte und Eier verzichten. Bisher konnten diese sich zum Bier nur einen Radi bestellen. Aber da vegane Ernährung im Trend liegt, haben sich einige Wiesn-Wirte darauf eingestellt. Das passt zu unserem bayrischen Prinzip: Leben und leben lassen.

WIRT: Mein Sohn Michael hat mir schon als 16-Jähriger auf der Wiesn geholfen und ist seit 1995 der Chef der Käfer Wiesn-Schänke. Wirt auf dem größten Volksfest der Welt zu sein – da sind wir uns beide einig – ist kein Beruf, sondern eine Berufung. Und sollte ich noch einmal auf die Welt kommen, möchte ich wieder einer sein.

XXL-Flaschen: In den 1980ern hatten viele Gäste bei mir in der Käfer-Schänke nach zwei Maß genug vom Bier und bestellten Champagner in normalen 0,7-Liter-Flaschen. Inzwischen strömt der Schampus in einigen Zelten aus XXL-Flaschen mit bis zu 15 Litern. Die werden in einem Leiterwagen herangekarrt und stecken in eisgekühlten Wäschezubern oder Blecheimern. Die XXL-Flaschen tragen die Namen persischer Könige: Methusalem (6 Liter), Salmanazar (9 Liter) und Nebukadnezar (15 Liter). So kann sich jeder wie ein „Wiesnkini" fühlen. Beim Bier gibt es keine XXL-Krüge, hier ist die Maß das Maß aller Trinker.

YOUTUBE: Über sechs Millionen Ergebnisse erhält man, wenn man bei Youtube „Oktoberfest" eingibt. Diese vielen Beiträge brauche ich nicht, ich habe die Wiesn im Herzen. Nur die Videos von meinen Bier-Zelt-Hits wie „Ein Stern" von DJ Ötzi oder „Dich gibt's nur einmal für mich" von Patrizius schaue ich mir unterm Jahr öfter mal an; dann singe ich laut mit und bin sofort gut drauf.

ZENZI: Wenn Sie nach einer Wiesn-Bedienung rufen, nennen Sie sie besser nicht Zenzi, Rosi oder Resi. Da fangen Sie sich höchstens ein spöttisches Lächeln oder eine schlagfertige Bemerkung ein. Versuchen Sie's lieber mal gut gelaunt à la: „Mädel, magst mich nicht, weil du dich nicht kümmerst?" Oder zum Ober: „Burschi, hast grad mal Zeit?" So oder so – die Kellnerinnen und Kellner sind gestandene Persönlichkeiten, die auch mit Grapschern und Beschwipsten fertig werden (müssen). Bis zu 14 Stunden täglich stemmen sie ständig bis zu zwölf 1-Liter-Krüge Bier und 15 halbe Hendl durchs Gedränge. Nach gut zwei Wochen sind sie Hunderte von Kilometern gelaufen, mehr als mancher Spitzensportler in der Zeit. Für mich sind die Bedienungen meine heimlichen Wiesn-Heldinnen. Viele kenne ich seit Jahren. Am Ende lade ich sie immer auf ein Schnapserl oder ein Glas Champagner ein. Dann trinken wir voller Vorfreude auf die nächste Wiesn.

Gerd Käfer bedankt sich bei folgenden Firmen für die jahrelange, gute Zusammenarbeit und für die Unterstützung bei der Realisierung des Buches:

Albers GmbH, Düsseldorf

EIS FONTANELLA Eismanufaktur Mannheim

Angermeier Trachtenmoden

Gmundner Keramik

Backhaus Grimminger GmbH

HoWe Wurstwaren KG

Berg Bauer Lebensmittel GmbH

Kunstgärtnerei Doll GmbH

Lanson Champagner

Nestlé Waters Deutschland GmbH

MEGA Stuttgart,
Das Fachzentrum für die Metzgerei
und Gastronomie eG

Paulaner Brauerei GmbH & Co.KG

Metzgerei Kuffler

Weissbräu Unertl GmbH & Co.KG

Wiesn-Blitzkurs auf Bayrisch von A bis Z (phonetisch)

A Maß *(mit kurzem a aussprechen)*: Ein Liter Bier

Aufmandeln: Sich wichtig machen

Biafuizl: Bierdeckel

Brezn: Brezel

Bussi, Busserl: Küsschen

Dandschig: Hübsch, attraktiv

Dangschee: Danke schön

Deaf i? Ealaums? Darf ich? Erlauben Sie?

Deia: Teuer

Des is mia wurscht: Das ist mir egal

Drahwurm: Schwindelgefühl

Dusl: Glück

Erdapfe/Erdäpfel: Kartoffeln

Fetzngaudi: XXL-Spaß

Fuaßln: Fuß-Flirt unterm Tisch

Gmiatlich: Gemütlich

Griaß God/Griaß di: Grüß Gott, grüß dich

Gs(ch)pusi: Freundin, aktuelle Partnerin

Ha?: Wie bitte?

Hawedere: Ich habe die Ehre, guten Tag

Heisl: Toilette

Hendl/Gickerl: Brathuhn

Host mi?: Hast du mich verstanden?

Hundling: Gewiefter Kerl

Ja, do legst di nieda: Donnerwetter!

Kaasloawe: Käselaib

Kuaze: Kurze Lederhose

Lewakas: Leberkäse

Moosbummerl: Hinterwäldler

Muichkaramöin: Sahnebonbons

Namidog: Nachmittag

Noagerl: Getränkerest im Glas

Obandeln: Flirten

Obatzda: Angemachter Camembert

Pfiat eich: Auf Wiedersehen

Pratzn: Pranke, große Hand

Prüglhitz: Unerträgliche Hitze *(zum Beispiel in überfüllten Zelten)*

Rumstrawanzn: Sich herumtreiben

Schleich di: Verschwinde!

Schnaggler: Schluckauf

Schnaid: Mut

Servus: Tschüß, Ciao

Suri: Schwips

Taubnschlog: Hosenschlitz

Trazn: Ärgern, Verhohnepipeln

Ummalassn: Vorbei lassen

Wampn: Dicker Bauch

Watschn: Ohrfeige

Zupf di: Schleich dich, verschwinde

Zwieda: Schlecht gelaunt
Das ist aber kaum jemand auf der Wiesn!

Die Autorin

„Vereinte Nationen unter der Bavaria", das ist für Renate Schramm die Wiesn. „Zwei Wochen lang sind jedes Jahr die unterschiedlichsten Menschen vereint – in einem Mix aus internationaler Glückseligkeit und bayrischer Gemütlichkeit."

Als Vierjährige durfte die Münchner Autorin erstmals aufs Oktoberfest und fand ihr Glück der Wiesn-Erde sofort auf dem Rücken der bunten Karussell-Pferde. Jahre später, als Mami von zwei Töchtern, entdeckte sie ein besonders schönes Holz-Ross auf einem Antik-Markt und kaufte es für ihre Mädels. Die sind dem längst entwachsen, tanzen lieber auf den Zelt-Bänken. „Aber ich freue mich immer wieder, wenn ich die Pferdl sehe – so wie auf der ‚Oiden Wiesn'", sagt Renate Schramm, die Gerd Käfer als guter Schreib-Geist bei diesem Buch zur Seite stand. Was gehört für sie zur Wiesn? „Ein fesches Dirndl, ein knuspriges Hendl in fröhlicher Runde, die Blaskapelle bei der ‚Krinoline'. Nach 22 Uhr das Fest von oben – im Riesenrad." Sie lacht. „Und hinterher noch eine Runde ‚Wilde Maus'."

Der Co-Koch

Was bedeutet ihm das Oktoberfest? Julian Mergarten braucht nicht zu überlegen: „Für einen Münchner wie mich ist es die fünfte Jahreszeit, etwas ganz, ganz Besonderes. Selbst dann, wenn man wie ich kein Besucher ist, sondern von morgens bis spät abends auf der Wiesn arbeitet. Die Fröhlichkeit, die in der Luft flirrt, beschwingt einfach." Der 32-Jährige, der gemeinsam mit Gerd Käfer, Deutschlands bekanntestem Tafeldecker, die Rezepte kreiert hat, ist seit vier Jahren Sous-Chef in „Käfers Wiesn-Schänke".

Falls es heuer mit einem freien Nachmittag klappt zieht er eine kurze Lederhosn an und geht mit seinen beiden Kindern ins „Teufelsrad". „So wie früher mein Vater mit mir. Und hinterher gibt's ein Wiesn-Hendl. Das gehört einfach dazu." Seine Frau kann nicht mitkommen, sie bleibt beim Baby. Das kleine Töchterchen ist kurz vor der fünften Jahreszeit zur Welt gekommen. „Zum ersten Geburtstag bekommt das Madl ein Dirndl", freut sich Papa Julian schon jetzt.

Gerd Käfer – sein Name gehört zu München wie die Wiesn

Mit vier darf er erstmals auf die Wiesn – in „einer feschen Lederhosn, die gleichaltrigen Madl haben sich nach mir umgedreht“, erinnert er sich launig. Mit 39 wird er Festwirt, gibt seinen Einstand in „Käfers Wiesn-Schänke“. Dazwischen – 1959, mit gerade mal 27 Jahren – hat der Sohn eines Münchner Kolonialwarenhändlers den ersten deutschen Party-Service gegründet, bis heute der wichtigste Zweig des Familien-Imperiums.

GERD KÄFER. Keiner hat Deutschland kulinarisch so geprägt wie er. Geht nicht, gibt's nicht für ihn. „Jeden Tag besser werden", ist seine Devise. „Und das Unmögliche möglich machen." Sein Name steht für Feinkost und Feiern und gehört zu München wie die Wiesn, die Weißwürste und das Hofbräuhaus. Im Internet belegt Google seine Kreativität als Tafeldecker mit rund 200 000 Ergebnissen. Dazu die vielen Auszeichnungen wie u. a. das Bundesverdienstkreuz, die Medaille „München leuchtet" oder die Aufnahme in die „Hall of Fame" des Magazins „Der Feinschmecker". Nicht zu vergessen die Dankschreiben, mit denen seine Büro-Wände tapeziert sind: Von Englands Queen Elizabeth bis zu den ehemaligen US-Präsidenten Richard Nixon oder Bill Clinton, dem bayerischen Papst Benedikt XVI. oder Stars wie Liz Taylor und Frank Sinatra – ein Who is Who aus (Geld-)Adel, Politik, Wirtschaft und Entertainment der letzten Jahrzehnte. Fast überall auf der Welt hat er schon Partys und Society-Events veranstaltet. 300 000 sind es mittlerweile, darunter Großveranstaltungen mit 10 000 Gästen.

Doch sein Fest aller Feste ist bis heute das Oktoberfest. 1971, ein Jahr vor Olympia in München, wo er mit seinem 150-köpfigen Team die wichtigsten Feiern arrangiert hat, bekommt er kurzfristig das Angebot, Wiesn-Wirt zu werden. In Nullkommanix, in gerade mal zwei Wochen, macht er aus einer Hendl-Braterei eine zünftige Almhütte für 60 Leute. Stars, Promis, Schickimickis und „Normalos" rocken die Schänke, die ständig vergrößert und zum urgemütlichen Bauernhaus mit mittlerweile täglich 3000 Gästen wird. Die Champagner-Korken knallen, aber auch der Kaffee ist gefragt. Und noch mehr sind es die vom Chef kreierten Kaffeehaferl mit dem roten Glückskäfer drauf. 10 Millionen sind inzwischen verkauft.

Nach knapp 24 Jahren hat er die Schänke seinem Sohn Michael übergeben, der sie erfolgreich weiter führt. „Ich freue mich für ihn", sagt Vater Gerd, „aber ich beneide ihn auch a bisserl. Wirt auf dem größten Volksfest der Welt zu sein – das war und ist mein irdisches Paradies."

Deshalb liegt Gerd Käfer auch dieses Buch so sehr am Herzen, das Sie, liebe Leserin und lieber Leser, jetzt in Ihren Händen halten. „Es ist mein kulinarisches Wiesn-Vermächtnis. Mit unseren Gerichten und Rezepten verwöhnen Sie Leib und Seele – und erleben daheim Ihr irdisches Paradies."

P.S.: *Seine Lieblingsgerichte auf der Wiesn sind übrigens: Hendl, Blutwurstgröstl, gefüllte Kalbsbrust und Schweinbauch mit rescher Kruste und handgeriebenen Knödln. Und am allerliebsten mag Gerd Käfer „meine Dampfknödl mit Vanillesauce".*

Liebe Leserin, lieber Leser, liebe Wiesn-Fans,

Sie halten 80 Seiten Augenschmaus und Anregungen in der Hand. Ich freue mich sehr, dass mein Wiesn-Kochbuch jetzt Ihnen gehört. Lassen Sie sich inspirieren! Ich wünsche mir und Ihnen, dass Ihnen die Rezepte Appetit aufs Ausprobieren machen – und erst recht Heißhunger auf die fertigen Schmankerl.

Die bayrische Küche ist besonders herzhaft. Also gehen Sie die Gerichte mit Herzenslust an, kochen Sie mit Spaß und Leidenschaft. Man schmeckt's Ihrem Essen an, glauben Sie mir. Wer in der Küche nicht mit allen Sinnen bei der Sache ist, kann seinen Gästen kein sinnenfrohes Ess-Erlebnis bieten.

Geht etwas schief, haben Sie die eine oder andere Frage: Kein Problem. Fragen Sie einfach mich. Ich bin gerne für Sie da – per Telefon 089/4168333 oder E-Mail gl.gk@feinkost-kaefer.de. „Mei is des guad"-Komplimente sind natürlich auch herzlich willkommen. ☺

Mein Motto als kulinarischer Intendant lautet „Dienen, dienen, dienen – und zaubern." Jetzt sind Sie dran: Gönnen Sie sich eine Auszeit vom Alltag, verzaubern Sie Ihre Familie und Ihre Gäste mit den Rezepten von Julian Mergarten und mir. Feiern Sie daheim Ihre ganz private Wiesn oder schlemmen Sie weißblau in kleiner Runde.

An Guadn und ein Prosit auf Ihre Gemütlichkeit!

Ihr